Inhalt

SCHWIERIGE FORMEN
Kritische Praktiken im Design
und in der Forschung[1]
Ramia Mazé, Johan Redström

In diesem Text diskutieren wir konzeptuelles und kritisches Design unter der Annahme, dass diese beiden Ansätze eine Art kritischer Praxis im Design bilden. Indem wir ihren historischen Hintergrund und die aktuellen Tendenzen skizzieren, nehmen wir die möglichen Implikationen für die Designforschung in den Fokus. In vielerlei Hinsicht ist dies ein Bericht darüber, wie wir über die bestehenden Grundlagen und über die randständigen Tendenzen der experimentellen Designforschung, wie sie sich in den letzten zehn Jahren entwickelt haben, denken.

Woher die kritische Praxis kommt

Design findet an einem ambivalenten Ort statt und pendelt zwischen den Anliegen der Kultur und des Kapitals, mit denen in Kunst oder Architektur vielleicht entschiedener umgegangen wird. In der Architektur beispielsweise kann das disziplinäre Interesse für ästhetische oder soziale Theorien von beruflichen Interessen unterschieden werden, die die Versorgung mit grundlegenden Einrichtungen und Funktionen regulieren, oder von den Interessen aus den Bereichen Immobilienwirtschaft, öffentliche Meinung oder Populärkultur.[2]

Die Grundlagen für das Kritische im Design sind weniger klar umrissen. Erst in jüngerer Zeit haben sich verschiedene Designtypen entwickelt, die daher sowohl disziplinär wie auch professionell gesehen noch nicht besonders etabliert sind. Tatsächlich können solche Kategorien dermaßen eng oder exklusiv an die Wirtschaft oder die technischen Bedingungen ihres Entstehens gebunden sein – zum Beispiel an die Industrielle Revolution –, dass es schwer ist, hier Ausgangspunkte für Provokation oder Wandel zu identifizieren. So fand auch John Thackara: „Da das Produktdesign ganz und gar in der kapitalistischen Fertigung aufgegangen ist, fehlt ihm jegliche unabhängige, kritische Tradition, auf der man eine Alternative gründen könnte."[3]

Produktdesign ist, wie Architektur, in Finanz- und Machtsysteme eingebettet und daher auch von ihnen abhängig – beispielsweise zur Ermöglichung der Massenproduktion und des Vertriebs. Anders als Architektur wird Produktdesign normalerweise über den Marktwert oder die Kapitalrendite bewertet. Wie Anthony Dunne und Fiona Raby argumentieren: „Im schlimmsten Fall verstärkt das Produktdesign globale, kapitalistische Werte. Es trägt dazu bei, den Wunsch nach neuen Produkten hervorzurufen und aufrechtzuerhalten, es gewährleistet die Obsoleszenz, fördert Unzufriedenheit mit dem, was wir haben: es übersetzt Markenwerte lediglich in Objekte."[4] Das stellt eine Herausforderung für konventionelle Produktions- und Konsumsysteme und ihre Werte, wie man sie gerade in den neuesten Tendenzen des Designs findet, dar.

Viele zeitgenössische Positionen im Produktdesign differenzieren oder kontern Mainstreamansichten dazu, was Design ist und was es sein sollte. Als Interessensfelder oder praxisbezogene Gemeinschaften fehlt es solchen Tendenzen zwar an Kontur; sie produzieren aber immer mehr Fallbeispiele, entwickeln zunehmend theoretische Tiefe und werden öffentlich immer sichtbarer.[5] So gesehen kann Design, ergänzt um das Konzeptuelle oder das Kritische, bestimmten Übereinkünften darüber, was Nützlichkeit, Effizienz, Profit und Geschmack betrifft, entgegensteuern. Dafür gibt es durchaus Präzedenzfälle; kritische Architektur und Anti-Design können als Ahnen angesehen werden.[6]

(Post-)kritische Architektur

Um eine Kritik innerhalb des Designs oder mittels Design in anderen Feldern zu positionieren, benötigt es klarer Grundlagen für den Ideenaustausch. In der Architektur können Kundenbeziehungen und juristische Standards zu den Strukturen des Metiers gezählt werden, es existiert aber auch eine intellektuelle Grundlage, die sich auf ästhetische Konzepte und Sozialtheorien aus den Geistes- und Naturwissenschaften bezieht. Solche Themen waren für das Kritische in der Architektur der letzten fünfzig Jahre zentral und sind es auch für heutige postkritische Felder. Mit dem Ende der Ära der Manifeste in den 1970ern (die von einigen wenigen polemischen Positionen geprägt wurde und von einer lockeren Verbindung zwischen theoretischer Rhetorik und praktischer Realität) setzte ein großes Nachdenken darüber ein, wie man sich zu Architekturtheorie verhalten solle. Zugleich wurde überdacht, wie man sich zu operativer Kritik, die von unvermeidlich parteiischen Positionen aus der Praxis stammte, verhalten solle sowie zu von außen herangetragener kritischer Theorie.[7]

Für solche „Grenzprobleme" wurden mehrere Positionen abgesteckt. Diana Agrest beispielsweise plädierte für eine semi-autonome Architektur, in der man bestimmte Aspekte als speziell und normativ ansieht, andere aber, sofern sie Gemeinsamkeiten mit anderen Produktionsweisen aufweisen, als Basis für einen belastbaren, kritischen Diskurs nimmt.[8] Manfredo Tafuri argumentierte, dass politische und zweckmäßige Begriffe zwar nebeneinander existieren könnten, dass es aber reale ideologische Alternativen innerhalb eines hegemonialen Systems nicht geben könne – eine wirklich kritische Architektur könne also nur auf eine Systemtransformation folgen.[9] Andere argumentierten gegen das „Warten auf eine Revolution" – Jorge Silvetti beteiligte sich an der Diskussion mithilfe von Agrests und Tafuris strukturalistischen Definitionen, formulierte aber eine mögliche Kritik von innen.[10] Er fand, dass das Machen, auch wenn es notwendigerweise kompromittiert sei, kritischen Themen, die ansonsten durch

Sprache oder Ideologie vernebelt wären, eine Form geben könne.

In den 1990ern dann hatten sich die kritischen Positionen in der Architektur in zwei Lager aufgespalten – in eines, das sich mit Kultur befasste und eines, das sich auf formale Aspekte konzentrierte.[11] In der jüngeren Zeit fand, teils auch als Reaktion auf diese Polarisierung, eine Revision des Kritischen statt. Verfechtern und Verfechterinnen des Postkritischen geht es weniger um Konzepte des Widerstands, der Unterbrechung und der Negation als um Begriffe wie Performativität, Verfahren und Pragmatik.[12] So gesehen werden Theorie und das Kritische in Bezug auf ihre konstruktive und projektive Haltung neu positioniert, damit sie sowohl ideologisch als auch operativ einsetzbar sind. Tatsächlich wird es so möglich, die Begriffe „kritisch" und „Praxis" miteinander zu paaren, während sie zuvor als allgemeiner Oberbegriff für „Antitheorie" benutzt wurden. Praxis wird explizit als ein

Ansatz hervorgehoben, mittels Materialien, Form und Konstruktion – gemeinsam mit AuftraggeberInnen und der Öffentlichkeit – Fragen und Alternativen zu dem jeweiligen Stand der Dinge zu formulieren.

Anti-Design

In den 1960er und 1970er Jahren schossen zahlreiche radikale Bewegungen aus dem Boden, die unter Bezug auf allgemeinere, gesellschaftliche und ideologische Entwicklungen Design in Frage stellten. Anti-Design, das erst in England und Österreich und dann in Italien entstand, setzte eine lange Tradition des künstlerischen und politischen Diskurses innerhalb des Designs fort. 1972 wurde in einer Ausstellung zu italienischem Design im Museum of Modern Art in New York überblicksartig eine Generation von DesignerInnen vorgestellt, die, „verzweifelnd daran, mittels Design gesellschaftlichen Wandel zu erreichen, ihre Aufgabe als eine grundsätzlich politische sehen"[13]. In der damaligen Designkultur ließen sich drei vorherrschende Haltungen identifizieren: Konformität, Reform und Anfechtung. Alchemia und Memphis beispielsweise waren von Dada, Surrealismus und Situationismus beeinflusst, sie setzten sich für emotionales Spiel und Symbolismus statt für Funktionalität ein und fochten utilitaristische und konsumistische Thesen an.[14]

Anti-Design kritisierte nicht Design oder die Planung als solche/s, sondern, wie mittels Design Ideologie verankert und durchgesetzt wird. Die Kritik richtete sich also gegen ein Design, das jedweder aufoktroyierten Ideologie „zu Diensten steht", die – egal ob politisch, technologisch oder kulturell – von vornherein und von außen bestimmt ist. Statt sich dem Design zu verweigern oder „auf die Revolution zu warten" nahmen die VerfechterInnen des Anti-Designs die starken Wirkungen von Designobjekten und ihren Repräsentationen gerne in Kauf und stellten ihre Kritik mitten aus der Praxis heraus. Während man sich auch theoretisch und politisch engagierte, fand man, dass die Tätigkeit des Designens und die gestalteten Objekte selber Möglichkeiten für eine „aktive kritische Partizipation" in größeren ideologischen Systemen schufen.[15] Die Produkte des Anti-Designs waren aber nicht als fertige, abgeschlossene Formen gedacht. Sie waren zwar objektorientiert, wurden aber nur provisorisch fertiggestellt, um Raum für Ideen, Diskussionen und Aneignungen zu bieten – als alternative Formen zum Konsum nicht nur von Produkten, sondern auch von Ideologien.

Heute ist die ideologische und politische Grundlage des Anti-Designs und ähnlicher Gegenkulturen gesellschaftlich nicht mehr so präsent wie früher. Tatsächlich wurden viele Aspekte des Anti-Designs, jedes tieferen ideologischen Engagements beraubt, als oberflächliche Ästhetik oder Marketingtaktik rasch in den Mainstream eingegliedert. Insgesamt sind die Voraussetzungen von Kapital, Industrie und Technologie, die die alten Konzepte des Kritischen – letztlich des Designs – untermauern, nicht mehr auf die gleiche Weise und in gleichem Maße tragfähig.[16] Diese Komplexität im zeitgenössischen Design – und drum herum – macht es schwer, die Bedingungen des Kritischen genau zu fassen.

Konzeptuelles und kritisches Design

Das zeitgenössische Produktdesign lässt in und mittels seiner Praxis einige Ansätze des Kritischen erkennen. Vorläufer finden sich in der konzeptuellen Kunst und im radikalen Kunsthandwerk, das frühe Entwicklungen des Anti-Designs antrieb, wie „neuer Schmuck" und „neue Keramiken".[17] Heutzutage verorten manche das Produktdesign in seiner Beziehung zu anderen Feldern und institutionellen Strukturen neu. Andere borgen sich die glattpolierten Repräsentations- und Kommunikationstechniken von Handelsmessen, um Diskussionen mit der Industrie und der Öffentlichkeit zu den alternativen Zukünften, die das Design ermöglichen könnte, anzuregen. Wiederum Andere stiften Debatten zu den ethischen und moralischen Implikationen des wissenschaftlichen Fortschritts an, deren Wahrnehmung in der Konsumgesellschaft durch Design vermittelt wird.

Konzeptuelles Design bedient sich der Kunst, um der Subversion von Designnormen eine Richtung zu geben. Unter Bezugnahme auf die Konzeptkunst wird der Fokus dabei vom Produzenten bzw. der Produzentin und dem Gegenstand auf das Konzept gelenkt, und auch auf das Machen als eine Form der Umsetzung solch eines Konzeptes durch materielle Objekte, durch geplante oder improvisierte Interventionen, durch Installationen oder andere Mittel. Droog Design, das seit den 1990ern für einen solchen Ansatz steht, reagierte auf Pop und analytisches Design, Tendenzen, die zu dieser Zeit in der europäischen Designszene vorherrschend waren. „Die Droog-Designer", beschreibt es Aaron Betsky, „sahen ihre Aufgabe darin, Gegenstände auf der Straße zu finden, wobei die Designer nur eine unsichtbare Komponente hinzufügen mussten: das Konzept"[18]. Zu den üblichen Strategien zählt der Einsatz von hochwertigen und minderwertigen Materialien, von kostbaren Stoffen, Readymades, Technologie und Müll, die, miteinander kombiniert, auf zugespitzte Weise Themen wie Geschmack, Gewohnheit und Gedächtnis veranschaulichen können. Sogar Materialmangel kann von Nutzen sein – als Hinweis auf ethische Grundsätze und (übermäßigen) Konsum.[19] Bei konzeptuellen Designobjekten steht nicht der Nutzen im Vordergrund, sondern die konzeptuelle oder symbolische Funktion.[20]

Eine Sonderform des konzeptuellen Designs ist das kritische Design, das im Produkt- und Interaction Design eng mit Dunne & Raby verbunden wird. Sie postulieren den

Designer bzw. die Designerin als kritisch und materiell engagierte/n PraktikerIn, als eine Art angewandte/n KonzeptkünstlerIn. Den Bezugspunkt Kunst erweiternd schreiben sie: „Kritisches Design ist mit Haute Couture, Konzeptautos, Designpropaganda und Zukunftsvisionen verwandt, aber es zielt nicht darauf ab, die Träume der Industrie zu präsentieren, Aufträge an Land zu ziehen, neue Trends vorwegzunehmen oder den Markt auszutesten. Sein Ziel ist es, Diskussionen und Debatten zwischen Designern, Industrie und der Öffentlichkeit zur ästhetischen Qualität unserer elektronisch vermittelten Existenz anzuregen."[21] Ihre frühen Arbeiten stellten Grundsätze des Mainstreamdesigns in Frage.[22] Dunnes „postoptimales Objekt" zum Beispiel kritisiert Produktsemantiken und die menschliche Fixierung auf die ergonomische und psychologische Passform. Um der unreflektierten ideologischen Anpassung entgegenzuwirken und durch eine größere poetische Distanz zwischen Mensch und Produkt die Skepsis zu fördern, werden moderne ästhetische Strategien der Ver- und Entfremdung als „Benutzerunfreundlichkeit" und „Scheinfunktionalität" eingesetzt.

Kritik an was?

Die Entwicklung einer intellektuellen Haltung bedarf einer sinnvollen Einbeziehung kritischer Gesellschaftstheorie und Sozialwissenschaft. Mit Sicherheit prägen solche Einflüsse inzwischen eine bestimmte ideologiekritische Form des Nachdenkens über die gesellschaftliche Konstruktion von Wissen, Methoden und Handlungen in Technik- und Designpraktiken.[23] Die Herausforderung ist aber nicht nur, kritische Theorien jenseits der Praxis zu verstehen und zu integrieren, sondern auch, die Möglichkeiten und Probleme der Kritik aus dem Inneren der Praxis zu verstehen. Unter Beachtung von Designtheorien und -praktiken kartografieren (post)kritische Architektur, Anti-Design sowie zeitgenössisches konzeptionelles und kritisches Design Ansätze einer kritischen Praxis.

Frühe Konzepte des Kritischen in der Architektur beruhten auf der klaren, sogar der kategorischen Unterscheidung zwischen dem innen und dem außen der Disziplin. So könnten beispielsweise unter Bezug auf eigenständige Produktionssysteme disziplinäre Grenzen verteidigt oder in Frage gestellt werden – also die Anliegen, die Techniken und das zu einer Disziplin gehörige Wissen, das sie von anderen Disziplinen unterscheidet. Bis zu einem gewissen Grad können wir Tendenzen des konzeptuellen und kritischen Designs ähnlich beschreiben: als ein Befragen und Anfechten der Grenzen des Designs. Indem sie austesten, was Design ist und worum es darin gehen könnte, und indem sie seine Grenzen dehnen, hinterfragen solche Tendenzen die Grundlagen des Designs von den Rändern her. Vice versa hinterfragen sie, ausgehend von

Designtechniken und -formen, auch größere sozioökonomische Themen.

Im Großen und Ganzen kann man folgende Richtungen ausmachen:

– Von außen nach innen. Solche Tendenzen wirken von den Rändern her und kreuzen sogar, um Kritik an Normen im konservativen Design oder im Mainstream-Design zu üben, in die Kunst oder das Kunsthandwerk. Die Vorherrschaft von Maßstäben wie „Geschmack" und „gutem Design", Konzepte, die tief in einer Tradition ästhetischer Urteile in der Kunst und im Design(geschichts)diskurs verwurzelt sind, wird bestritten, während man sich aber nach wie vor intensiv mit den Handwerks- und Fertigungstechniken des Designs auseinandersetzt. Da sich nicht nur im Produkt-, sondern auch im Interaction Design kritisches Design entwickelt hat, stehen Themen wie „Funktionalität" und „Benutzerfreundlichkeit" sowie Konzepte, in denen Technologie lediglich als neutrales, wenn auch als wirksames Werkzeug angesehen wird, im Fokus. Von den Rändern her, manchmal sogar in andere Felder hineinreichend, entlarven solche Ansätze Mainstreamüberzeugungen und -übereinkommen und stoßen Reflexion und Debatten an.

– Von innen nach außen. Hier werden hingegen für die Designpraxis zentrale Techniken und Formen eingesetzt, um systemtechnische Umstände außerhalb des Designs zu thematisieren. Die Trends und Fiktionen der Popkultur und die Techniken effektvoller Gestaltung sowie des Marketings werden benutzt – aber nicht, um der Kultur oder dem Kapital zu dienen. Gerade weil bestimmte Aspekte aus anderen Feldern angeeignet werden, bleibt die Stofflichkeit und die Ästhetik des Designs grundlegend, nicht nur zum Zweck der Analyse und des Kommentars, sondern auch für die Formulierung konstruktiver Gegenvorschläge und projektiver Kritiken. In experimentellen und dinglichen Formen konkretisierte sozio-ästhetische Theorien aus dem (post-)modernen Diskurs sollen auf eine kritische Distanz zu oder auf Widerstand gegen die mühelose Angleichung zwischen Ideen und Gegenständen hinweisen. Die gestaltete Form öffnet solche Kritik für breitere Spekulationen und Diskussionen.

Kritisches Design ≠ Designforschung

Wenn man diese Traditionen und aktuellen Tendenzen in der kritischen Designpraxis umreißt, werden in der Designforschung bestimmte Möglichkeiten – und auch Herausforderungen – deutlich. Ohne den in der Architektur lange gehegten Diskurs um das Kritische ist es schwierig, Begrifflichkeiten zu finden, auf denen Alternativen zur vorherrschenden Praxis im Produktdesign fußen könnten, oder eine kritische Distanz zu verwandten Ansätzen zu entwickeln. Das zeigt auch die Schwierigkeit, kritische

Begriffe in aktuelleren Tendenzen zu erkennen (oder die Unklarheit in ihrer Positionierung?). Vielleicht ist es genau daher nötig, eine intellektuelle Basis und damit auch eine Positionierung der Forschung zu entwickeln. Nicht nur, damit das Design ein besserer Problemlöser wird, sondern auch, um einen Raum für DesignerInnen zu schaffen, in dem sie über die Ideen, Theorien, Logiken und Implikationen von Design in und mittels der Praxis reflektieren können. Genauer gesagt geht es darum, eine intellektuelle Grundlage für das Problemfinden aufzustellen.

Tatsächlich ist eine Auseinandersetzung mit dem konzeptuellen Rahmen des Designs für die hier diskutierte Form der kritischen Designpraxis wesentlich, und damit möglicherweise auch, mittels Kritik und Gegenvorschläge, ein wichtiger Beitrag zu Erarbeitung eines theoretischen, dem Design angemessenen Rahmens. Man könnte behaupten, dass mit konzeptuellem und kritischem Design eine Verschiebung der Aufmerksamkeit einhergeht, weg vom räumlichen Objekt an und für sich, hin zu den Ideen, die hinter der Form stehen und sich bei der Materialisierung zeigen. Da sie sich explizit mit der Verwirklichung von Konzepten befassen, werden diese Konzepte nicht nur zu externen oder retrospektiven Beschreibungen von Designobjekten, sondern zu integralen Bestandteilen der Designobjekte. So können die in einem Artefakt verkörperten Konzepte und Theorien von implizitem oder projektivem Wissen unterschieden werden.[24] Die kritische Praxis scheint auf die Möglichkeit einer inneren Entwicklung der Designtheorie hinzuweisen – im Gegensatz zu einer externen Konstruktion. Damit wäre eine Designpraxis vorstellbar, die nicht nur eine operative, sondern auch eine intellektuelle Grundlage der Designforschung bildet.

Wir glauben, dass in diesem von verschiedenen Beispielen der kritischen Praxis anskizzierten Feld das Potential liegt, eine Verbindung zwischen der Tätigkeit des Entwerfens und ihrem theoretischen Diskurs zu entwickeln – eine Verbindung, die anders ist als die übliche Theorie-/Praxis-Dichotomie, von der ein Großteil des aktuellen Designforschungsdiskurses dominiert wird, darunter auch die praxisbezogene Forschung. Gerade die Idee einer Verschiebung vom Problemlösen hin zum Problemfinden ermöglicht eine Forschungshaltung, die sich auch auf das zeitgenössische Denken philosophischer Praxis und konzeptueller Analyse bezieht.[25]

Wenn man sich die Beziehungen zwischen kritischer Praxis und Designforschung genauer ansieht, gibt es zwei weitere auf der Hand liegende Themen. Erstens kann der Hang der kritischen Praxis, Grundlagen in Frage zu stellen, auch als Teil eines disziplinären Projekts verstanden werden. Beispielsweise war die Unterscheidung zwischen Geschichte, Theorie und Praxis in der Architektur eine Voraussetzung dafür, dass im Design Grundlagen etabliert und verteidigt werden konnten; als Reaktion auf das gescheiterte soziale Projekt der Moderne und die sich wandelnde Rolle des Designs. Tatsächlich schien dem Bedürfnis, (einen Sinn für) Disziplinarität herzustellen, bis zu einem gewissen Grad sogar der Widerstand entgegenzukommen. Wenn das konzeptuelle, kritische Design nicht über Kommentar oder Kritik hinausgeht, tendiert es unter Umständen zu einer überreflexiven, hermetischen Autonomie: Design für DesignerInnen. Diese Hinwendung zu einer Art disziplinärer Autonomie ist sowohl ein Versprechen als auch ein Problem der kritischen Praxis und der Designforschung. Einerseits deutet sie auf eine bestimmte Art und Weise hin, wie innerhalb des Designs mit einem theoretischen Diskurs zu Techniken und formalen Gepflogenheiten umgegangen werden kann. Andererseits stößt man hier auch auf ein mögliches Problem, denn ein Großteil des zeitgenössischen

Designs und der kritischen Praxis kann nicht in engerem Sinn einer Disziplin untergeordnet werden.

Zweitens hinterfragt und überschreitet die kritische Praxis auch die um das Design gezogenen Grenzen. Die Reichweite des Designs zu erweitern bedeutet auch, intellektuelle und ideologische Grundlagen zu vervielfältigen und zu verbreiten. Solche Tendenzen, die sich nicht nur nach innen auf die Grundlagen der Disziplin richten, versuchen auch, andere Felder, die mit der gesellschaftlichen Konstruktion und dem Konsum des Designs zu tun haben, einzubeziehen – darunter zahlreiche gängige Anliegen, Ideen und Praktiken. Tatsächlich gibt es Gegenbeispiele aus der Architektur und dem Interaction Design, die zeigen, wie oft die kritische Praxis im Produktdesign eingesetzt wird. Außerhalb der Begrenzungen einer Kunstgalerie – Design um der Kunst willen – wird materialisiertes Design im Laufe der Zeit als räumliche und →

KOMMENTAR ZUR DEUTSCHEN ÜBERSETZUNG

Ramia Mazé, Johan Redström

Dass Design letztlich eine Servicedisziplin ist, ist schon oft behauptet worden. Im Design geht es darum, zu Diensten zu sein: sowohl, weil sich um die Bedürfnisse und Wünsche der Menschen, die die fertigen Entwürfe nutzen sollen, gekümmert werden muss, als auch ganz wortwörtlich, weil Design von der Industrie ins Leben gerufen wurde. Das bedeutet, dass Design sich zwar manchmal in einer Zwickmühle befindet, aber auch in einer einflussreichen Machtposition.

Angesichts dieser Lage verwundert es kaum, dass die im Designdiskurs stattfindende Kritik oftmals nicht mehr als eine oder zwei Richtungen verfolgte: entweder introspektiv, wenn danach gefragt wurde, wie Design mit dieser Macht, die es ausübt, umgeht, und in welchem Ausmaß seine Werte und seine Sicht auf die Welt diese Macht verstecken oder enthüllen; oder indem nach den Implikationen des Designs gefragt wurde, nach den Auswirkungen des Designs, danach, wem oder was es wirklich dient.

Beispielsweise war der gestalterische Ausdruck in den 1940er und 1950er Jahren nach den umfassenden Sozialprogrammen des frühen Modernismus, die die Notwendigkeit für eine neue und deutlich idealistische Ästhetik verkündeten, pragmatischer ausgerichtet. Und während Institutionen wie das Bauhaus eine neue Art von Disziplin forderten, die Kunst und Technologie vereinte, wandten sich Nachfolger wie die HfG Ulm stattdessen dem zu, was man heute eher als einen interdisziplinären Ansatz bezeichnen würde. Anders ausgedrückt: Zu den kritischen Reaktionen, die in den 1970ern auf die zunehmende Einbindung von Nutzerbeteiligung in den vorherrschenden Designmethoden der 1960er Jahren folgten, zählen auch die Ursprünge partizipatorischen Designs, die gerade auf demokratische und repräsentative Aspekte abzielten, und auch Initiativen, die in eine Richtung gingen, die man später als inklusives oder nachhaltiges Design bezeichnete (wie Victor Papaneks „Design for the Real World"). In der Tat scheinen kritische Perspektiven im Design einer Art Pendelbewegung zu unterliegen; zwischen Introspektion auf der einen Seite und dem Blick auf ihre Implikationen auf der anderen Seite – je nachdem, gegen was sich die Kritik richtet.

Wenn also an diesen Überlegungen zur Designgeschichte etwas dran ist, dann überrascht es nicht besonders, dass die Phase in den 1980ern und frühen 1990ern, in der Aspekte wie Wert, Kultur, Marke, Identität etc. sich intensiv weiterentwickelten – meist des Marktvorteils wegen – von einer kritischen Designhaltung abgelöst wurde, die sich zunehmend introspektiv entwickelte und deren Fokus auf der ästhetischen und moralischen Entwicklung des Designs lag; darauf, wie Design ästhetisch und moralisch mit seiner Macht, zu überzeugen, umgeht. Tatsächlich hat das viel mit der ursprünglichen Skizzierung des kritischen Designs von Tony Dunne und Fiona Raby zu tun. Es gibt sogar eine gewisse Ähnlichkeit zu der Art von Kritik, die in den 1950ern als Sorge um das angespannte Verhältnis zwischen Industrie und Kultur geäußert wurde. Man denke beispielsweise an die Ähnlichkeiten von Dunnes und Rabys Argumenten und der folgenden Bemerkung von Tomás Maldonado, der in den späten 1950er Jahren Rektor der HfG Ulm war: „Obwohl meine eigene kulturelle Ausrichtung zu dieser Zeit stark vom Neopositivismus geprägt war ... die Anwesenheit Adornos in Frankfurt war für mich gewissermaßen ein widersprüchlicher intellektueller Stimulus ... ‚Das Nutzlose ist erodiert, ästhetisch inadäquat. Aber das Nur-Nützliche verwüstet die Welt', sagte er einmal zu mir, in einem Versuch, meine Begeisterung für die Industriekultur der Nützlichkeit abzuschwächen ... Diese und andere Überlegungen im Geiste Adornos und später auch Habermas' brachten mich dazu, die

Beziehung zwischen der Industriekultur und der Kulturindustrie zu untersuchen und eine kritische Überprüfung der Rolle, die das ,Design' zwischen diesen beiden Realitäten spielt, vorzunehmen."[1]

Als wir den hier erstmals auf Deutsch veröffentlichten Artikel schrieben, war das kritische Design rückblickend gesehen bereits dabei, sich aus seiner ehemals introspektiv orientierten Rolle herauszulösen. Anders gesagt wurde durch die zunehmend introspektiven Sichtweisen auf Design umso deutlicher, dass auch die andere Stoßrichtung des kritischen Designs für eine Auseinandersetzung mit unserer aktuellen Situation nötig war. Wir bemühten uns, auch diese Richtungen zu berücksichtigen, indem wir Begriffe wie „das Postkritische" benutzten. Was aber wirklich gebraucht wurde, war eine andere Art von Designkritik, und zwar eine, die nicht vom selben „innen" kam. Wenn es um die Implikationen von Design geht: Die Intensität seiner Überzeugungsmacht zeigte schon vor einiger Zeit eine globale Wirkung.

Und doch waren es immer die privilegierten Designdisziplinen des Nordens/Westens, die berechtigt waren, das Innere des Designs zu definieren, seine „Disziplin" – wobei wir Disziplin hier auch im Foucaultschen Sinn verstehen. In vielerlei Hinsicht muss als die wichtigste Entwicklung des Kritischen im Design der letzten zehn Jahre die zunehmende Präsenz anderer Perspektiven verstanden werden – sowie ein expliziteres Benennen der kolonialen Aspekte des Designs, sowohl in der Praxis wie auch in der Theorie. Es existieren viele Parallelen zwischen dem heutigen Ruf nach Integration und den Diskussionen der 1970er. Und auch heute noch gibt es Viele, die sich nach wie vor berechtigt fühlen, für Andere zu sprechen, zu deren Kultur sie nicht gehören. Wenn es um die Frage geht, für wen, durch wen und aus welchen Gründen wir etwas entwerfen, gibt es aber auch grundlegende Unterschiede.

Ein zentraler Grund dafür, warum es so sehr auf die Existenz verschiedener Perspektiven ankommt: Wenn Design behauptet, dass es nur um die Zukunft geht, ist das in vielerlei Hinsicht auch eine Art, zu sagen, dass es sich nicht um die Vergangenheit schert. Sonst hätten wir im Laufe der Zeit ja auch etwas dazulernen können. Wie Max Bill, der Bauhausstudent, der zum ersten Rektor der HfG Ulm wurde, 1964 kommentierte: „Der ältere Strang des Produktdesigns [...] kommt ursprünglich aus Europa. Er gründet auf dem Prinzip sozialer Verantwortung und ist moralischer Natur, insofern die Fachleute Verantwortung für einen wichtigen Faktor übernehmen, der auf die Gesundheit der Menschen wirkt, nämlich ihre Umgebung. [...] Aber wir könnten nun fragen, inwieweit diese europäische Erfahrung auf Länder außerhalb Europas anwendbar ist und in welchem Ausmaß das in Europa gesammelte Wissen übertragbar ist? [...] Für uns als Europäer stellt sich nun die Frage: Inwieweit liegen die Manipulation und die Verstärkung von Bedürfnissen, gerade unter Bevölkerungen außerhalb Europas, im Interesse dieser Menschen?”[2]

Von allem, was wir versäumt haben, anzusprechen, zeichnen die mit dem Thema Gender zusammenhängenden Themen sich immer noch als verstörend beharrliche Elemente der Ungleichheit ab. Zwar hat es seit den Anfängen des Designs immer Stimmen gegen vorherrschende Privilegien und Normen gegeben, aber es verändert sich, gelinde gesagt, nur langsam etwas. Selbst wenn man einen Blick auf die frühen Tage des Industriedesigns am Bauhaus wirft, zeigt sich eine Situation, die einem auch heute noch allzu bekannt vorkommt: einerseits die kritische Stimme, die den Wandel fordert (in diesem Fall Anneliese Fleischmann, die damals Studentin am Bauhaus war, später Joseph Albers heiratete und als Anni Albers bekannt werden würde), andererseits die strukturelle Trägheit der Designkultur, die sich in diesem Fall in den Zulassungen zu den Kursen ausdrückte (und von Katerina Ruedi beschrieben wurde):

„Die traditionelle Lebensweise ist eine erschöpfte Maschine, die die Frau ans Haus fesselt. [...] Heutzutage ist die Frau das Opfer eines falschen Lebensstils. Es ist offensichtlich, dass ein umfassender Wandel dringend vonnöten ist.“[3]

„1920 gab es [...] 78 männliche und 59 weibliche Studenten am Bauhaus, während Gropius ursprünglich von 100 Männern, aber nur von 50 Frauen ausgegangen war. Als beide Geschlechter sich weiterhin in gleichem Maße bewarben, wurde der Zugang von Studentinnen zum Bauhaus begrenzt. Frauen zahlten höhere Gebühren (180 Mark für Frauen und 150 Mark für Männer) und waren zahlenmäßig begrenzt. 1920 entschieden Gropius und der Professorenstab, unterschiedliche Aufnahmeregeln festzulegen, um an der Schule ausgewogene Zahlen zu verhindern: ‚[...] die

Auswahl sollte von Beginn an strenger sein, besonders beim weiblichen Geschlecht, das zahlenmäßig bereits überrepräsentiert ist.'"[4]

Heutige Designschulen praktizieren ihre Aufnahmen zwar nicht auf ähnlich diskriminierende Weise, aber man kann wohl behaupten, dass einige von ihnen in dieser Hinsicht noch immer Probleme mit der Geschlechtergleichstellung, der Anwerbung von Studierenden und der Hochschulkultur haben.

Um diese kurze Betrachtung zu beschließen: Im Nachhinein ist es offensichtlich, dass – obwohl wir uns explizit mit kritischen Perspektiven auf das Design beschäftigt haben – noch vieles außerhalb unseres Blickfeldes liegt und wir daher immer noch vieles unhinterfragt stehen lassen. Letztlich krankt das kritische Design vielleicht am meisten an unserer Neigung, auch diese Art von Design und Designdiskurs als etwas Spezifisches zu sehen, als etwas, was per

Definition ein Innen und ein Außen hat, als etwas, wo bestimmte Leute ihre Autorität nutzen, um solche Definitionen zu treffen, während andere das nicht tun. Denn was wir im Design womöglich am meisten benötigen, ist eine Kritik genau daran – eine Hinterfragung der verschiedenen Arten von Grenzen zwischen uns, die wir immer wieder von Neuem errichten.

[1] Tomás Maldonado: „Looking back at Ulm", in: Herbert Lindinger (Hg.): Ulm Design: The Morality of Objects, Cambridge 1991, S. 223.

[2] Max Bill: „Are European methods of environmental design universally applicable (in art, architecture, urban planning, product design)?" (1964), in: Max Bill: Form, Function, Beauty = Gestalt, London 2010, S. 144–145.

[3] Annelise Fleischmann: „From ‚Economic Living'" (1924), in: Jane Goldman, Vassiliki Kolocotroni, Olga Taxidou (Hg.): Modernism – An Anthology of Sources and Documents, Edinburgh 1998, S. 302.

[4] Katerina Ruedi: „Bauhaus Dream-House: Imagining the (Un)gendered and (Un)disciplined Social Body", in: *87th ACSA Annual Meeting Proceedings, Legacy,* New York 1999, S. 109–113, http://apps.acsa-arch.org/resources/proceedings/uploads/streamfile.aspx?path=ACSA.AM.87&name=ACSA.AM.87.30.pdf.

sichtbare Praxis durch seine Nutzung aufgebraucht.[26] Dazu kommt, dass die Technologien, die eine zentrale Rolle für das Interaction Design spielen, einen (langfristigen) Einsatz erfordern und erst im Laufe der Zeit zu ihrer endgültigen Form finden.[27] Während die kritische Praxis einige Vorschläge dazu hat, wie man sich Gedanken zu Design machen kann, von innen oder von außen, erfordern Thematiken aus den Bereichen der Erfahrung oder der Nutzung, Widerstand gegen Anpassung anders zu verstehen, als dies entfremdete KritikerInnen oder BeobachterInnen tun.

In gewissem Maß können wir zeitgenössische Tendenzen mit den strukturalistischen Begriffen von innen/außen greifen, die typisch für das frühe Verständnis des Kritischen sind. Allerdings gibt es dabei bestimmte Schwierigkeiten, die für die zukünftige Arbeit andere Möglichkeiten und Fragestellungen nahelegen. Tatsächlich sind in der kritischen Praxis bestimmte konzeptuelle Ansätze – wie „Objekt als Diskurs" und „Design als Forschung" – grundlegend dafür, wie eine intellektuelle mit einer operationalen Vorgehensweise kombiniert werden kann, damit das Design aus seinem Inneren heraus gefordert und weiterentwickelt wird. Wie es durch postkritische Diskussionen und die zunehmende Einbeziehung neuer, gerade für das Interaction Design interessanter Technologien deutlich wird, besteht aber jedenfalls die Notwendigkeit, die Idee, die kritische Praxis zur Grundlage der Designforschung zu machen, erneut abzuwägen – und vielleicht zu revidieren.

„Objekt als Diskurs"

In der kritischen Praxis kann der entworfene Gegenstand als eine Art materialisierte Form des Diskurses verstanden werden. Bei Dunne „sind die elektronischen Objekte, die im künstlerischen Teil seines Dissertation geschaffen wurden, immer noch ‚Design', allerdings im Sinn einer ‚materiellen Doktorarbeit', in der der Gegenstand selber zur physischen Kritik wird ... Forschung wird als ‚konzeptuelle Modellierung' interpretiert, die eine Kritik bestehender Herangehensweisen an Produktion/Konsum beinhaltet, die durch aufmerksamkeitsgenerierende Artefakte übermittelt wird"[28]. Als sozio-ästhetische Forschung geht es in diesem Fall im Herstellungsprozess des Designs um die Materialisierung und Verortung ästhetischer und kritischer Theorien. Materialien und Formen ermöglichen die Verfügbarkeit von Ideen sowohl für die ästhetische Rezeption als auch für den alltäglichen Gebrauch.

Wenn man in Frage stellt, dass Design lediglich Ideen und Problemen dient, die vorab gestellt werden und von außerhalb des Designs kommen, begreift man Design selber als inhärent ideologisch. Statt aber eine bloße Beschreibung dessen, was es ist, zu sein, oder eine normative Verordnung dessen, was es sein sollte, entlarvt die kritische Praxis alternative, konkurrierende Ideen und stellt, wie Stan Allen es nennt, „kraftvolle Behauptungen" zum Status Quo und zu zukünftigen Realitäten auf.[29] Während die gestaltete Form unvermeidbar bestimmte Ideen verkörpert, werden solche Ideen und ihre Materialisierung zum Zweck des ideologischen Transfers in Frage gestellt. Die behauptenden und projektiven Potentiale der materiellen Form rücken zum Ziel der Reflexion im Design und in der Nutzung als Aspekte in den Vordergrund. Tatsächlich geht das Design durch die Transformationen, die nur durch die materielle Form ermöglicht werden, über das bloße Zitat oder den bloßen Kommentar hinaus.

Kritische Objekte – kritische Subjekte?

Sicherlich kann Design in konzeptuelle, anschauliche oder überzeugende Rollen schlüpfen. Trotzdem geht Design durch die materielle Form, die alltägliche Nutzung und die laufende Interaktion über bloße

Rhetorik hinaus. Wenn die konzeptuellen oder materiellen Produkte der Designpraxis ihren Auftritt in der Welt haben, dann öffnen sich Ideen, Werte und Nutzungen für Erwägung und Interpretation, Bestätigung oder weitere Kritik. Wenn Design sich mittels materieller Transformation jenseits der Kommentierung bewegt, braucht es das kritische Design, um Verhaltensveränderungen zu beeinflussen. Tatsächlich ist es gerade die materielle Form, sind es die „physisch wahrnehmbaren und erlebbaren Tatsachen"[30], die eine Nutzung in Form einer aktiven, kritischen Partizipation ermöglichen könnten.

Das Konzept vom „Objekt als Text" in der kritischen Architektur, das in den Vorstellungen der Kritik aus der Kunstgeschichte oder der linguistischen Theorie mitschwingt, berücksichtigt die Umstände der Nutzung möglicherweise nicht ausreichend. Schwierige Formen erzwingen möglicherweise eine hermeneutische Lesart der formalen

Abläufe ihrer (De-)Konstruktion – wobei der Architekt oder die Architektin ganz wortwörtlich als AutorIn und der oder die BewohnerIn als LeserIn gesehen wird. Trotzdem könnte während oder nach Jahrzehnten des Bewohnens auch eine völlig andere Geschichte erzählt werden.[31] Wie verschiedenste postmoderne und postkritische Neuinterpretationen nahelegen, ist Architektur nicht dasselbe wie Schreiben, noch sind räumliche Praktiken diskursiv.[32] Zwischen Lesen und Schreiben, Produktion und Konsum, Design und Benutzung gibt es keinen erkennbaren ideologischen Transfer. Vielmehr intervenieren im Dazwischen beliebig viele interpretative, empirische, gesellschaftliche und kulturelle Faktoren.

Nutzung schließt eine Reihe anderer Ideen – und Ideologien – mit ein, die auch bei persönlichen, gesellschaftlichen und kulturellen Praktiken ins Spiel kommen. Wie Charles Rice es formuliert, „treten Probleme des ‚Kritischen' auf, wenn Projekte, die auf einer Öffnung für kritische, empirische Möglichkeiten als Teil des Designprozesses beruhen, als konkrete Gebäude mit den inhärent kritischen Erfahrungen realer Personen konfrontiert werden"[33]. Genau wie es im Design keine absolute Determiniertheit oder eindeutige Übersetzung von Ideen in Form gibt, bedeutet Nutzung nicht nur die effiziente Übersetzung von Ideen und die Bereitschaft, solchen Ideen Folge zu leisten. Da die für das Interaction Design zentralen interaktiven Technologien einen besonderen Fokus auf die Nutzung legen, muss sich ein weiterentwickeltes Verständnis der kritischen Praxis auch mit solchen Fragen beschäftigen – also damit, wie ein „Objekt als Diskurs" auf „Reflektion im Gebrauch" trifft.

Design als Forschung

Eine etwas allgemeinere Frage wäre, inwiefern die „Kritik von innen" mit der Designforschung verwandt ist oder inwieweit sie ihr entspricht. Sicherlich beschäftigen sich die VertreterInnen der kritischen Praxis intensiv mit gesellschaftlichen oder ästhetischen Theorien. Aber um über das in frühen Ansätzen des Kritischen in der Architektur übliche Aufstellen von Kategorien hinauszugehen, sollten für die unvermeidlich parteiischen und kompromittierten „Kritik von innen"-Positionen des Designs auch andere Grundlagen erarbeitet werden. In der postkritischen Architektur wie auch in der praxisorientierten Forschung wurde nach alternativen intellektuellen Arbeitsgrundlagen geforscht, beispielsweise in der pragmatischen Philosophie. In seinem Bericht zur reflexiven Praxis beschreibt Donald Schön ein komplexes Zusammenspiel generativer und absichtsvoller Vorgehensweisen in einer prozesshaften und verorteten Praxis. Er schlägt vor: „Wenn jemand ‚während der Handlung reflektiert', wird er im Praxiskontext zum Forscher"[34]. Solche Perspektiven geben subjektiver Interpretation und praktischer Erfahrung den Vorrang vor objektivem

Wissen oder abstrakter Theorie, die durch die vorangegangene Praxis erworben wurden, oder so, wie wir es hier beschrieben haben.

In der Architektur, in der andere Zweige der Philosophie oder der kritischen Theorie präsenter waren, kann die Idee der Reflexion im Verhältnis zu Ideen des Kritischen spezifischer erweitert und differenziert werden. Eine pragmatische Auffassung von Reflexion wird als kritische Vorgehensweise ausgebaut – um in Frage zu stellen und zu transformieren, nicht nur, um zu beschreiben und zu bestätigen. Jane Rendell denkt über „in der Handlung reflektieren" in der Architekturforschung nach, bezieht dann aber noch die Formen kritischen Denkens, die mehr im Zentrum des Architekturdiskurses stehen, mit ein.[35] Sie plädiert für ein Design und für eine Forschung, die nicht nur Probleme lösen und analysieren, sondern auch die Parameter eines Problems, einer Theorie oder einer

Institution kritisch überdenken können. In der Tat fungiert das Machen selber – insbesondere die Herstellung experimenteller Formen und konzeptueller Artefakte – als Kritik an den in der Architektenschaft und der Bauindustrie vorherrschenden Paradigmen des Wissens.

Anstatt Unsicherheiten lediglich zu tolerieren und alles dafür zu tun, sie systematisch zu minimieren und in den Griff zu bekommen, kann die kritische Theorie Problematiken auch freilegen und sichtbar machen. Die mit diesem Ansatz entwickelten Objekte können Probleme, die im Fokus der Berufspraxis stehen, möglicherweise nicht lösen oder bewältigen, sie können aber die Parameter des Problems selber kritisch reflektieren. Unter solchen Bedingungen kann es weder im Design noch in der Forschung darum gehen, Probleme zu lösen oder Unsicherheiten zu reduzieren, sondern darum, Komplexität und das Kritische zugänglich zu machen. Statt platte Nachbildung oder systematische Anwendung zu sein, kann Theorie auch als Intervention des „radikalen Zweifels"[36] und der „taktischen Improvisation"[37] fungieren. Möglicherweise ist ein gemeinsames Ziel des kritischen Designs und der Designforschung nicht die Vereinfachung, sondern die Diversifizierung der Art und Weise, wie wir Designprobleme, -ideen und -grenzen verstehen.

Es gibt nur Praktiken

Eine solche Verflechtung generativer, behauptender und diskursiver Vorgehensweisen stellt praxisorientierte Forschungsansätze vor gewisse Schwierigkeiten. In vielen diese Ansätzen könnte der Designprozess einer Forschungsmethodik gleichgesetzt werden. Aber, und darauf hat auch Rendell hingewiesen, dasselbe architektonische Produkt kann das Ergebnis verschiedener Konzepte und Methodologien aus verschiedenen Disziplinen sein, die alle in den

Designprozess involviert waren. In der Tat zeichnet sich ein so multidisziplinäres Feld wie Interaction Design gerade dadurch aus. In jeder Designsituation können fachübergreifende Kollaborationen, verschiedenste Institutionen und Beziehungen zu Interessensvertretern eine Rolle spielen. Und sie können Praktiken aus den Feldern Technik, des Designs, der Kunst, der Philosophie und der Sozialwissenschaften einbeziehen.

Tatsächlich können kritische Praktiken traditionelle Wertmaßstäbe bewusst aufmischen – das eine gegen das andere ausspielen. Der „Nutzwert" oder die Nützlichkeit kann von Strategien aus dem Bereich der Kunst gestört werden, die Bedeutung und die Nachhaltigkeit des „Tauschwerts" kann kritisiert werden, und der „Zeichenwert" des Erscheinungsbildes kann von mehrdeutigen, interaktiven, offenen Formen in den Schatten gestellt werden. Falls Nutzung als eine Form aktiver, kritischer Partizipation verstanden wird, können alle möglichen Praktiken in unmittelbare wie auch kulturelle Nutzungsprozesse eingebunden werden. Kritische Praxis und Designforschung können daher vielfache und sogar widersprüchliche Praktiken, die man üblicherweise in fachspezifischen Kategorien zusammenfasst, einschließen und zueinander in Beziehung setzen. Wie der Architekt Stan Allen argumentiert: „Es gibt keine Theorie, es gibt keine Praxis. Es gibt nur Praktiken, die aus Aktion und Akteuren bestehen. Praktiken entwickeln sich im Laufe der Zeit und sind in ihren Wiederholungen niemals identisch."[38]

[1] Dieser Text wurde als Konferenzbeitrag zur 7. Tagung der International Association of Societies of Design Research erarbeitet, die 2007 in Hongkong stattfand und wurde als Vortrag unter dem Titel „Difficult Forms. Critical Practices of Design and Research" dokumentiert.

[2] Jonathan Hill: „Institutions of Architecture", in: *Offramp 1.7,* Los Angeles 2000, S. 72–81.

[3] John Thackara: „Beyond the Object in Design", in: ders. (Hg.): Design After Modernism, New York 1989, S. 11–34, S. 21.

[4] Anthony Dunne, Fiona Raby: Design Noir: The Secret Life of Electronic Objects, Basel 2001, S. 59.

[5] Andrew Blauvelt (Hg.): Strangely Familiar: Design and Everyday Life, Minneapolis 2003; Cilla Robach (Hg.): Konceptdesign, Stock-

holm 2005; Stella d'Ailly, Lisa Olausson, Maja Sten (Hg.): Extra Ordinary, Stockholm 2005.

[6] Details zur Geschichte der kritischen Praxis siehe: Ramia Mazé: Occupying Time – Design, Technology and the Form of Interaction, Stockholm 2007.

[7] K. Michael Hays (Hg.): Oppositions Reader: Selected Essays 1973–1984, Princeton 1999.

[8] Diana Agrest: „Design versus Non-Design", in: *Oppositions 6,* New York 1976: S. 331–354.

[9] Manfredo Tafuri: L'Architecture dans le Boudoir – The Language of Criticism and the Criticism of Language, in: *Oppositions 3,* New York 1974, S. 291–316; siehe auch Francesco Dal Co: „Criticism and Design", in: *Oppositions 13,* New York 1978, S. 155–169.

[10] Jorge Silvetti: „The Beauty of Shadows", in: Oppositions 9, 1977, S. 43–61; siehe auch Giancarlo De Carlo: „Architecture's Public"

(1970), in: Peter Blundell, Doina Petrescu, Jeremy Till (Hg.): Architecture and Participation, Abingdon 2005, S. 3–22.

[11] K. Michael Hays: „Critical Architecture: Between Culture and Form", in: *Perspecta 21*, New Haven 1984, S. 4–29.

[12] Stan Allen: Practice: Architecture, Technique and Representation, Amsterdam 2000; George Baird: „‚Criticality' and its Discontents", in: *Harvard Design Magazine 21*, Cambridge 2005, S. 1–6.

[13] Emilio Ambasz (Hg.): Italy: The New Domestic Landscape. Achievements and Problems of Italian Design, New York 1972.

[14] Sara Kristoffersson: Memphis och den italienska antidesignrörelsen, Dissertation. Göteborg 2003.

[15] Peter Lang, William Menking: Superstudio – Life Without Objects, Milan 2003.

[16] Fredric Jameson: „Architecture and the Critique of Ideology" (1982), in: Joan Ockman (Hg.): Architecture, Criticism, Ideology, Princeton 1985.

[17] Grace Lees-Maffei, Linda Sandino: „Dangerous Liasons: Relationships between Design, Art and Craft", in: *Journal of Design History 17.3,* Oxford 2004, S. 207–219.

[18] Aaron Betsky in: Blauvelt 2003, S. 51.

[19] Linda Sandino: „Here today, gone tomorrow", *Journal of design history 17.3,* Oxford 2004, S. 283–293; Peter-Paul Verbeek, Petran Kockelkoren: The Things that Matter. Design Issues 13.3, Cambridge 1998, S. 28–42.

[20] Kristina Niedderer: „Exploring the Expressive Potential of Function" (2005), in: Love Jönsson (Hg.): Craft in Dialogue – Six Views on a Practice in Change, Stockholm 2007, S. 45–54.

[21] Dunne, Raby 2001, S. 58.

[22] Anthony Dunne: Hertzian Tales: Electronic Products, Aesthetic Experience and Critical Design, London 1999.

[23] Phoebe Sengers, John McCarthy, Paul Dourish: Reflective HCI: Articulating an Agenda for Critical Practice, in: *Proceedings CHI '06,* New York 2006, S. 1683–1686.

[24] siehe auch: Christopher Frayling: „Research in Art and Design", in: *Royal College of Art Papers 1.1,* London 1993/4, S. 1–5.

[25] Elisabeth Grosz: Architecture from the Outside, Cambridge 2001.

[26] Stan Allen: „Dazed and Confused", in: *Assemblage 27,* Cambridge 1995, S. 47–54.

[27] Ramia Mazé, Johan Redström: „Form and the Computational Object", in: *Digital Creativity 16.1,* London 2005, S. 7–18.

[28] Alex Seago, Anthony Dunne: „New Methodologies in Art and Design Research: The Object as Discourse", in: *Design Issues 15.2,* Cambridge 1999, S. 11–17, S. 16–17.

[29] Stan Allen: Practice: Architecture, Technique and Representation, siehe auch: Richard Buchanan: „Declaration by Design: Rhetoric, Argument, and Demonstration in Design Practice" (1985), in: Victor Margolin (Hg.): Design Discourse. History, Theory, Criticism, Chicago 1989, S. 91–109.

[30] De Carlo 2005.

[31] Peter Eisenman: „Cardboard Architecture: House I & 2", in: Peter Eisenman, Michael Graves, Charles Gwathmey, John Hejduk, Richard Meier: Five Architects, New York 1975, S. 15–27; Suzanne Frank: Peter Eisenman's House VI: The Client's Response, New York 1994.

[32] Stan Allen: Practice: Architecture, Technique and Representation; Hatton: „Exploring Architecture as a Critical Act", in: *Architectural Research Quarterly 8.2,* Cambridge 2004, S. 105–198.

[33] Charles Rice zitiert in Hatton 2004, S. 107.

[34] Donald A. Schön: The Reflective Practitioner, New York 1983.

[35] Jane Rendell: „Architectural Research and Disciplinarity", in: *Architectural Research Quarterly 8.2,* Cardiff 2000, S. 141–148; siehe auch: Richard Coyne: „Wicked Problems Revisited", in: *Design Studies 26,* New York 2005, S. 5–17.

[36] Norman Bryson: „The Erotics of Doubt", in: *New Observations 74,* New York 1990, S. 12.

[37] Jamer Hunt in: Blauvelt 2003.

[38] Stan Allen: „Practice vs Project", in: Praxis 0, Boston 1999, S. 112–123; siehe auch Frayling 1993/4.